Edvard Grieg
(1843–1907)

Norwegian Folk Songs and Dances

Norwegische Volksweisen und Tänze

Mélodies et danses populaires norvégiennes

for piano · für Klavier · pour piano

Urtext

INDEX

25 Norske Melodier og Folkedanse Op. 17
25 Norwegian Folksongs and Dances – 25 Norwegische Volksweisen und Tänze
25 mélodies et danses populaires norvégiennes

1. **Springdans** 5
   Norwegian Dance – Springtanz – Danse norvégienne
2. **Ungersvennen** 6
   The Swain – Der Jüngling – Le jeune homme
3. **Springdans** 7
   Norwegian Dance – Springtanz – Danse norvégienne
4. **Niels Tallefjoren** 8
5. **Jølstring** 9
   Dance from Jölster – Tanz aus Jölster – Danse de Jölster
6. **Brurelåt** 11
   Wedding Tune – Brautlied – Chant nuptial
7. **Halling** 11
   National Dance – Nationaltanz – Danse norvégienne
8. **Grisen** 13
   The Pig – Das Schwein – Le cochon
9. **Når mit øje** 13
   Religious Song – Geistliches Lied – Chant religieux
10. **Friervise** 14
    The Wooer's Song – Lied des Freiers – Chant du prétendant
11. **Kjempevise** 15
    Heroic Ballad – Heldenlied – Chant héroïque
12. **Solfager og ormekongen** 16
    Solfager and the Snake-king – Solfager und der Würmerkönig – Solfager et le Roi Serpent
13. **Reiselåt** 17
    Wedding-March – Reiselied – Chant de voyage
14. **Jeg sjunger med sorrigfuldt hjerte** 18
    I Sing with a Sorrowful Heart – Trauergesang – Chant funèbre
15. **Den siste lørdagskvelden** 19
    Last Saturday Evening – Die letzte Sonnabendnacht – La dernière nuit de samedi
16. **Eg vet en lista gjente** 20
    I Know a Little Maiden – Ich weiss ein kleines Mädchen – Je connais une petite jeune fille
17. **Keggen og flugga** 21
    The Gadfly and the Fly – Die Bremse und die Fliege – Le taon et la mouche
18. **Stabbelåten** 22
    Peasant Dance – Bauerntanz – Danse paysanne
19. **Hølje Dale** 24
20. **Halling** 25
    National Dance – Nationaltanz – Danse norvégienne
21. **Saebygga** 26
    The Woman from Setesdal – Das Weib aus Setesdal – La femme de Setesdal
22. **Kulokk** 27
    Cow-Call – Lockruf – Ranz des vaches
23. **Såg du nokke kjerringa mi** 28
    Peasant Song – Bauernlied – Chant paysan
24. **Brurelåt** 29
    Wedding Tune – Brautlied – Chant nuptial
25. **Rabnabryllup** 30
    The Raven's Wedding – Rabenhochzeit – Le marriage du corbeau

Improvvisata over to norske folkeviser Op. 29 31
Improvisations on two Norwegian Folksongs – Improvisation über zwei norwegische Volksweisen
Improvisation sur deux chants populaires norvégiens

19 Norske Folkeviser Op. 66
19 Norwegian Folksongs – 19 Norwegische Volksweisen – 19 Chants populaires norvégiens

1. **Kulokk** 39
   Cow-Call – Lockruf – Ranz des vaches
2. **Det er den største dårlighed** 39
   It is the greatest Foolishness – Es ist die größte Torheit – C'est la plus pure des folies
3. **En konge hersked i Østerland** 40
   A King Ruled in the East – Ein König herrschte im Morgenland – Un Roi régnant a l'Orient
4. **Siri Dale-visen** 41
   The Siri-Dale Song – Die Weise von Siri-Dale – Le chant de Siri Dale
5. **Det var i min ungdom** 41
   It was in my Youth – Es war in meiner Jugend – C'était en ma jeunesse
6. **Lokk og bådnlåt** 43
   Cow-Call and Lullaby – Lockruf und Wiegenlied – Ranz des vaches et Berceuse
7. **Bådnlåt** 44
   Lullaby – Wiegenlied – Berceuse
8. **Lokk** 45
   Cow-Call – Lockruf – Ranz des vaches
9. **Liten va guten** 46
   Small was the Lad – Klein war der Bursch – Petit était le gars
10. **Morgo ska du få gifte deg** 47
    Tomorrow You Shall Marry Her – Morgen darfst du sie heimführen – Demain tu devras la prendre en marriage
11. **Da standen to piger** 48
    There Stood two Girls – Es stehen zwei Mägdlein – Là attendaient debout deux filles
12. **Ranveig** 49
13. **En liten grå mann** 49
    A little Gray Man – Ein graues Männlein – Un petit homme gris
14. **I Ola-dalom, I Ola-kjønn** 51
    In Ola Valley, in Ola Lake – Im Olatal, im Olasee – A la Vallée d'Ola, au Lac d'Ola
15. **Bådnlåt** 53
    Lullaby – Wiegenlied – Berceuse
16. **Ho vesle Astrid vår** 55
    Little Astrid – Klein Astrid – Petite Astrid
17. **Bådnlåt** 57
    Lullaby – Wiegenlied – Berceuse
18. **Jeg går i tusen tanker** 59
    I Wander Deep in Thought – Gedankenvoll ich wandere – J'erre enfoui dans mes pensées
19. **Gjendines bådnlåt** 62
    Gjendin's Lullaby – Gjendines Wiegenlied – Berceuse de Gjendine

17 Slåtter Op. 72
17 Norwegian Peasant Dances – 17 Norwegische Bauerntänze – 17 Danses paysannes norvégiennes

1. **Gibøens bruremarsj** 63
   Gibøen's Bridal March – Gibøens Brautmarsch – Marche nuptiale de Gibøen
2. **Jon Vestafes springdans** 66
   Dance – Tanz – Danse
3. **Bruremarsj fra Telemark** 69
   Bridal March from Telemark – Brautmarsch aus Telemark – Marche nuptiale du Telemark
4. **Haugelåt. Halling.** 71
   Halling from the Fairy Hill – Halling aus dem Hügel – Halling de la colline
5. **Prillaren fra Os prestegjeld. Springdans** 73
   Norwegian Dance – Norwegischer Tanz – Danse norvégienne
6. **Gangar (etter Myllargutten).** 75
   (after the Miller) – (nach dem Müller) – (d'après le meunier)

7. **Røtnams-Knut. Halling** 77
   Norwegian Dance – Norwegischer Tanz – Danse norvégienne
8. **Bruremarsj (etter Myllargutten)** 82
   Wedding March (after the Miller) – Brautmarsch (nach dem Müller) – Marche nuptiale (d'après le meunier)
9. **Nils Rekves halling** 85
10. **Knut Luråsens halling I** 87
11. **Knut Luråsens halling II** 89
12. **Springdans (etter Myllargutten)** 93
    (after the Miller) – (nach dem Müller) – (d'après le meunier)
13. **Håvard Gibøens draum ved Otersholtsbrua. Springdans**. 95
    Håvard Gibøen's Dream at the Otersholt Bridge – Håvard Gibøens Traum an der Otersholtsbrücke
    Songe de Håvard Gibøen au pont de Otersholt
14. **Tussebrureferda på Vossevangen. Gangar**. 97
    The Goblin's Bridal Procession at Vossevangen – Die Brautfahrt der Unterirdischen auf Vossevangen
    Procession nuptiale des esprits follets de Vossevangen
15. **Skudalsbrura. Gangar**. 100
    The Skuldal Bride – Die Skuldalsbraut – La mariée de Skuldal
16. **Kivlemøyane. Springdans** 103
    The Maidens from Kivledal – Die Mädchen aus dem Kivledal – Les fillettes de Kivledal
17. **Kivlemøyane. Gangar** 105
    The Maidens from Kivledal – Die Mädchen aus dem Kivledal – Les fillettes de Kivledal

6 Norske Fjellmelodier Op. deest
6 Norwegian Mountain Melodies – 6 Norwegische Gebirgsmelodien
6 mélodies montagnardes norvégiennes

1. **Springdans** 107
   Norwegian Dance – Springtanz – Danse norvégienne
2. **Bådnlåt** 108
   Lullaby – Wiegenlied – Berceuse
3. **Springdans** 109
   Norwegian Dance – Springtanz – Danse norvégienne
4. **Sjugurd og trollbrura** 109
   Sjugurd and the Trollbride – Sjugurd und die Trollbraut – Sjugurd et la fiancée Troll
5. **Halling** 110
   Norwegian Dance – Norwegischer Tanz – Danse norvégienne
6. **Guten og jenta på fjøshjellen** 111
   The Lad and the Lass in the Cow-Shed Loft – Der Bube und das Mädchen in dem Kuhstallboden
   Le garçon et la fille au grenier de l'étable

25 Norske Melodier og Folkedanse
25 Norwegian Folksongs and Dances – 25 Norwegische Volksweisen und Tänze
25 mélodies et danses populaires norvégiennes

Op. 17

Springdans
Norwegian Dance – Springtanz – Danse norvégienne

K 175

Ungersvennen

The Swain – Der Jüngling – Le jeune homme

Vaage

Con moto

2.

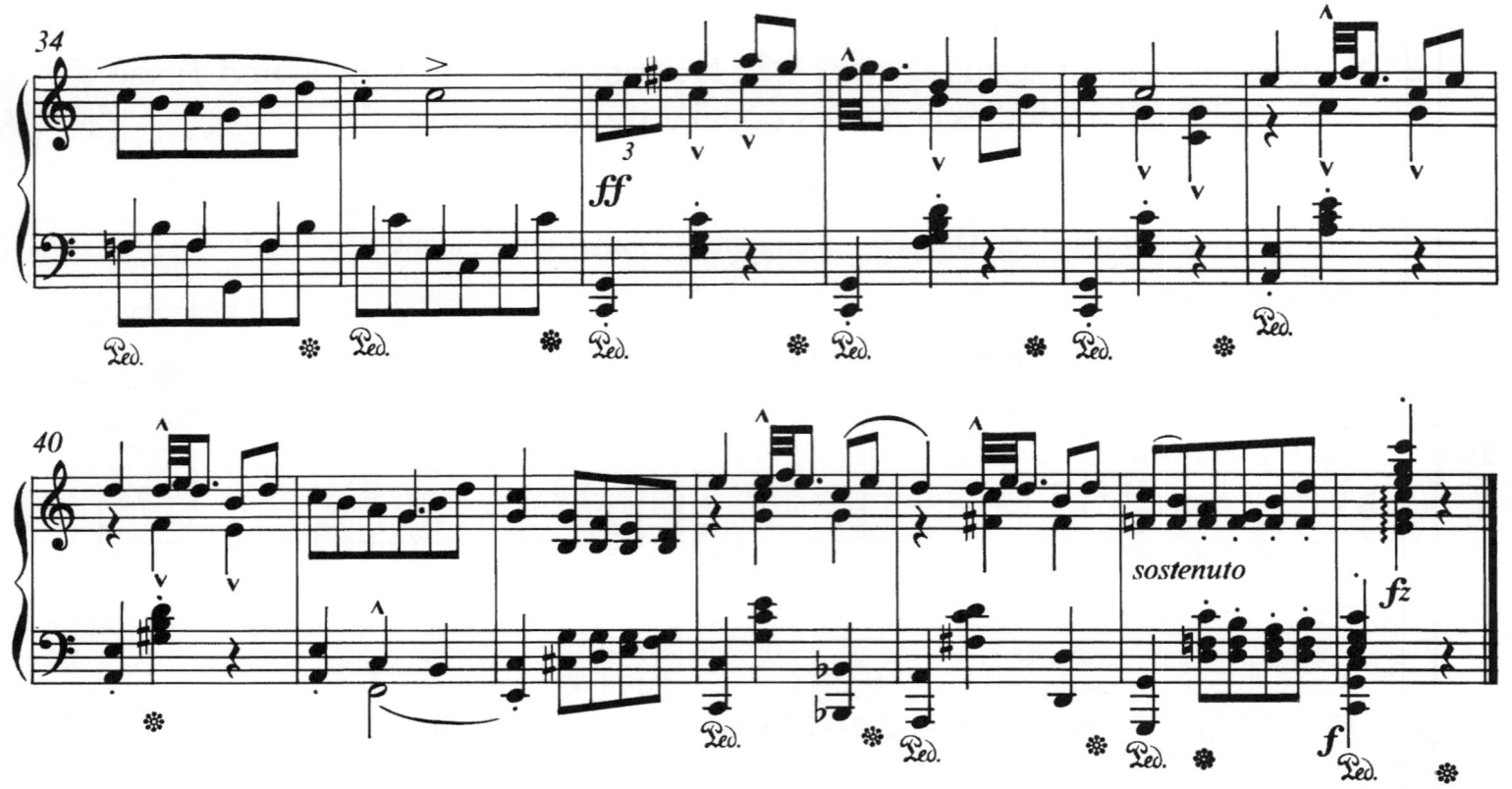

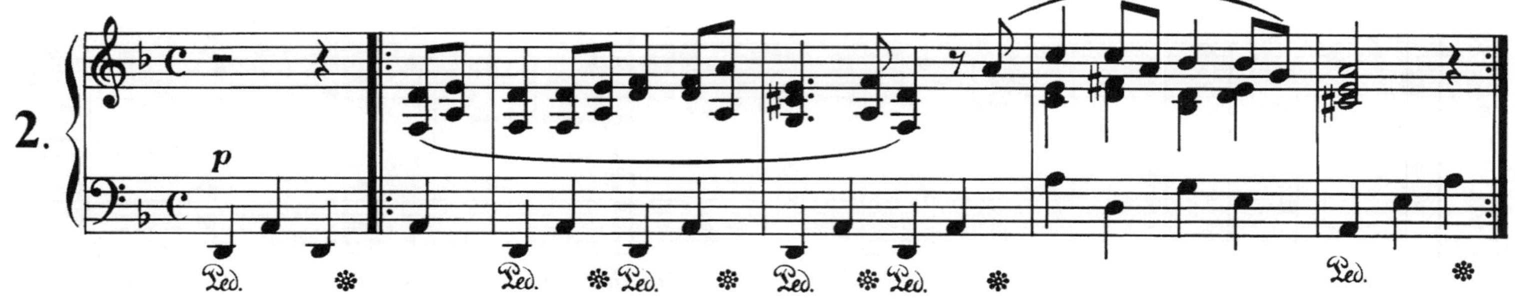

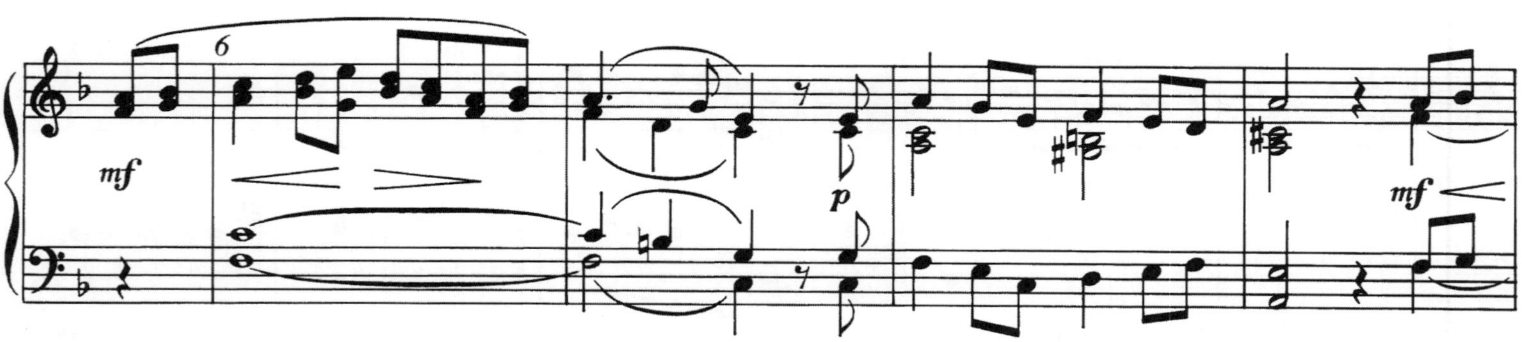

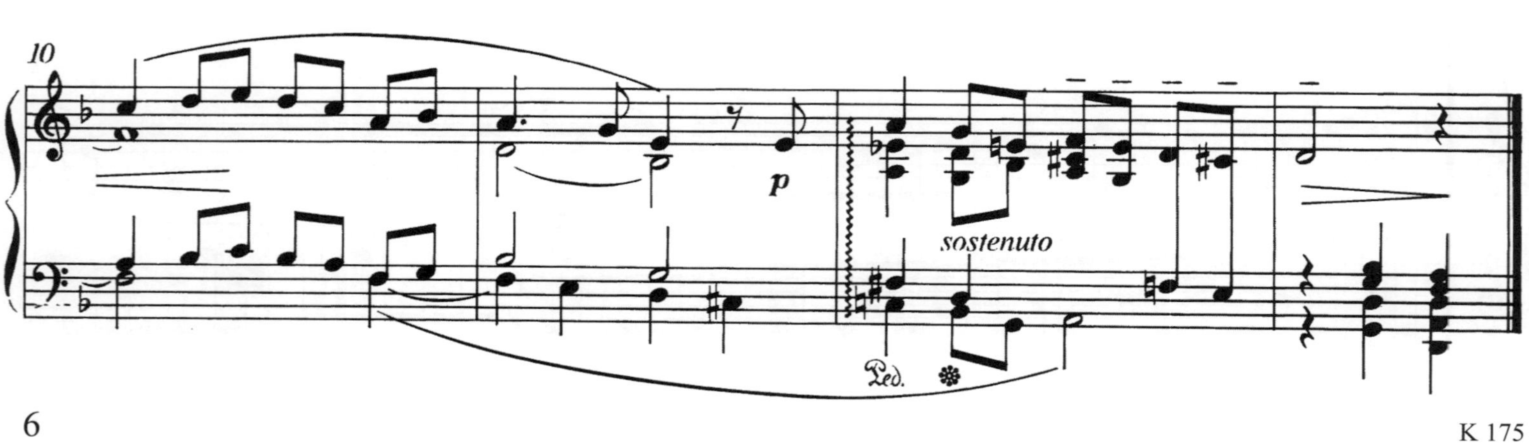

Springdans
Norwegian Dance – Springtanz – Danse norvégienne

Niels Tallefjoren

Hjerdal

Jølstring
Dance from Jölster – Tanz aus Jölster – Danse de Jölster

Jølster

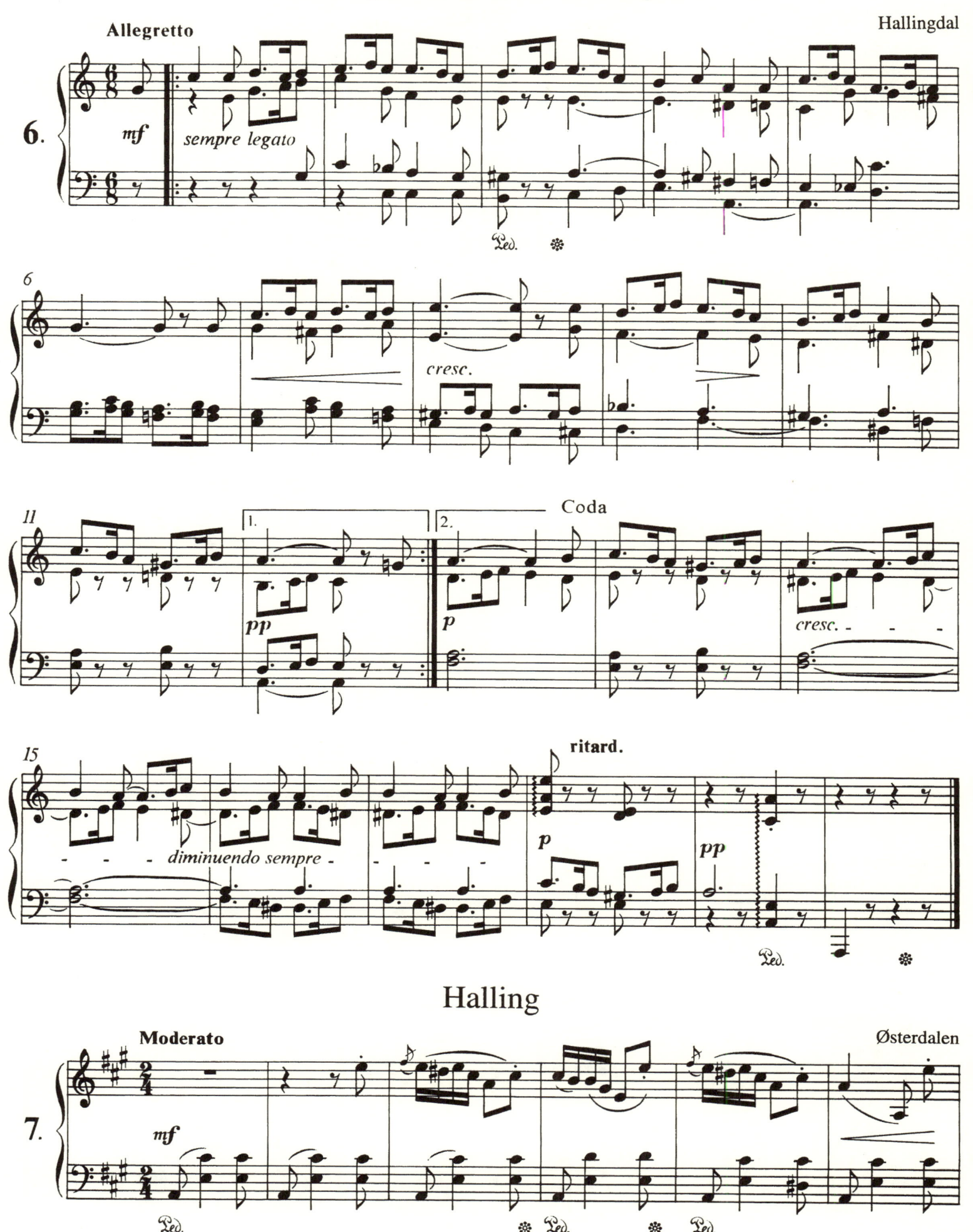

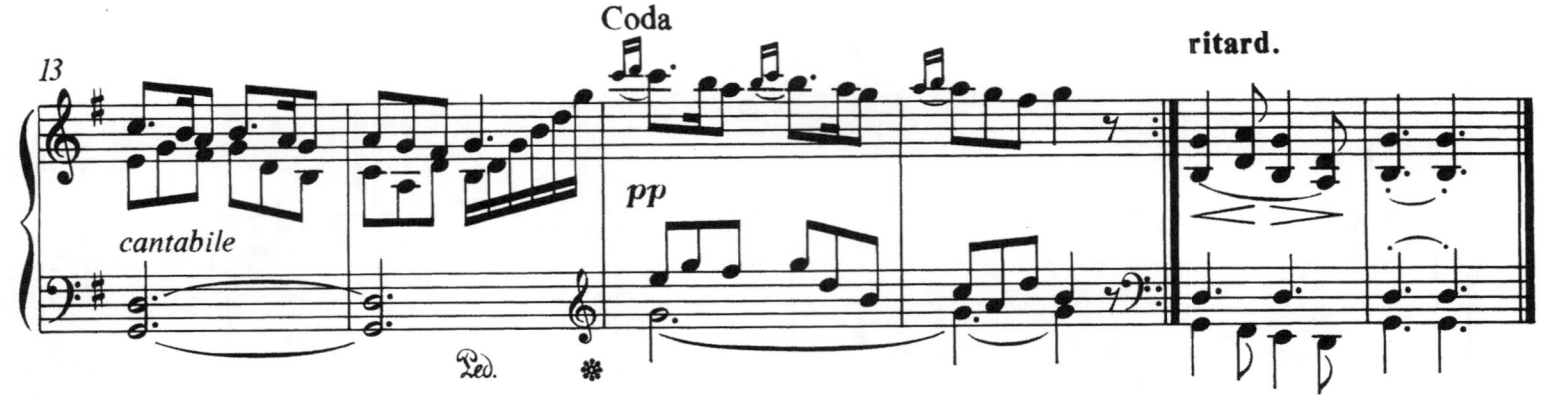

Friervise
The Wooer's Song – Lied des Freiers – Chant du prétendant

Kjempevise
Heroic Ballad – Heldenlied – Chant héroïque

Con moto ma un poco maestoso

Haukelie

Solfager og ormekongen
Solfager and the Snake-king – Solfager und der Würmerkönig – Solfager et le Roi Serpent

Mo i Telemarken

Reiselåt
Wedding-March – Reiselied – Chant de voyage

Jeg sjunger med sorrigfuldt hjerte
I Sing with a Sorrowful Heart – Trauergesang – Chant funèbre

Valders

Den siste lørdagskvelden
Last Saturday Evening – Die letzte Sonnabendnacht – La dernière nuit de samedi

Eg vet en lista gjente
I Know a Little Maiden – Ich weiss ein kleines Mädchen – Je connais une petite jeune fille

Keggen og flugga

The Gadfly and the Fly – Die Bremse und die Fliege – Le taon et la mouche

Stabbelåten
Peasant Dance – Bauerntanz – Danse paysanne

Hølje Dale

Sillegjord

19. Andantino

Halling

Saebygga
The Woman from Setesdal – Das Weib aus Setesdal – La femme de Setesdal

Kulokk
Cow-Call – Lockruf – Ranz des vaches

Valders

Såg du nokke kjerringa mi
Peasant Song – Bauernlied – Chant paysan

Brurelåt
Wedding Tune – Brautlied – Chant nuptial

Vang i Valders

Rabnabryllup
The Raven's Wedding – Rabenhochzeit – Le marriage du corbeau

Sogn

* Small notes ad. lib.
 Kleine Noten ad. lib.
 Petites notes ad. lib.

Improvvisata over to norske folkeviser
Improvisations on two Norwegian Folksongs
Improvisation über zwei norwegische Volksweisen
Improvisation sur deux chants populaires norvégiens

Op. 29

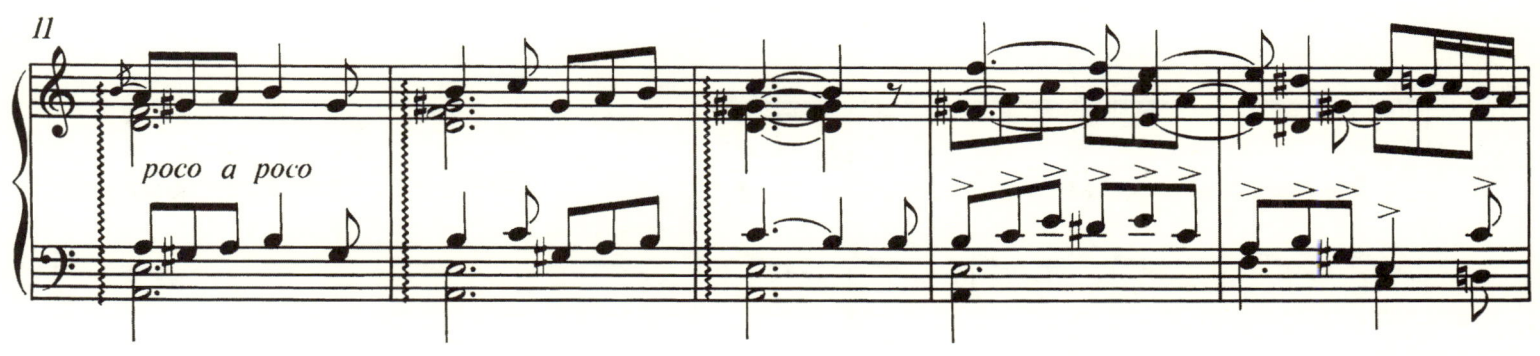

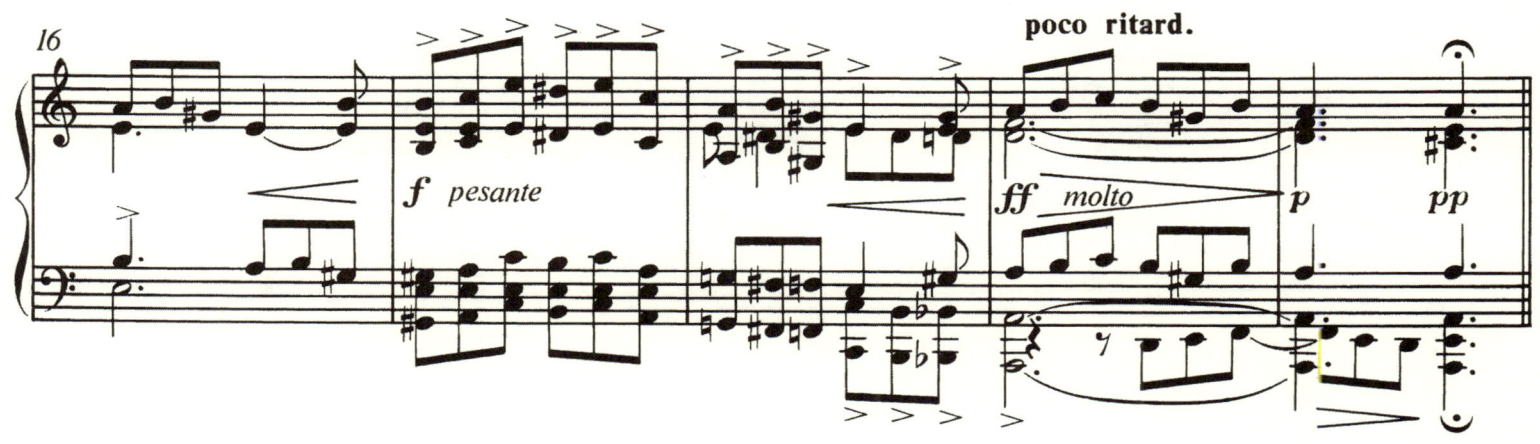

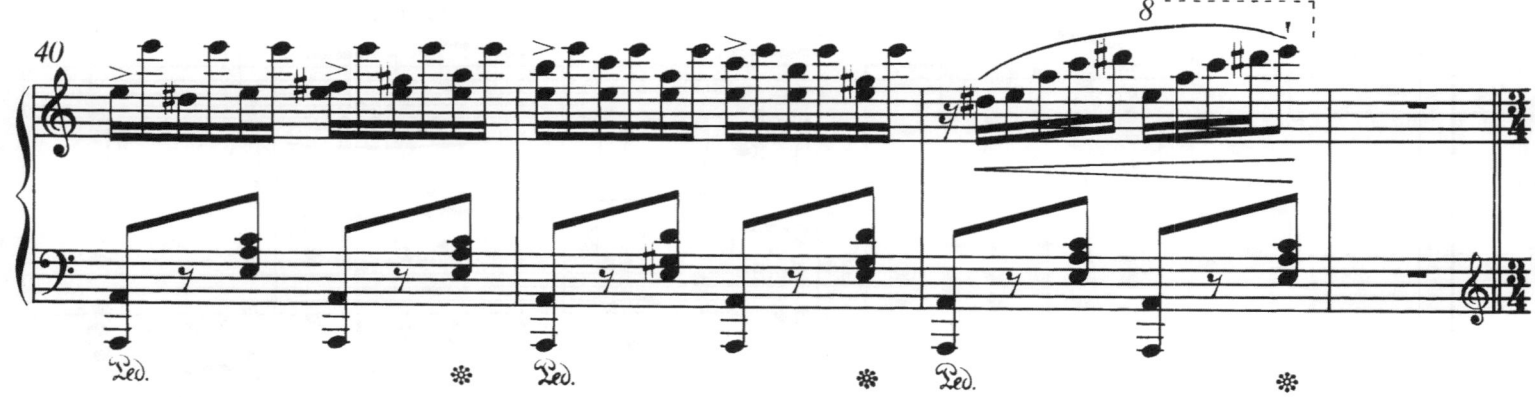

19 Norske Folkeviser

19 Norwegian Folksongs – 19 Norwegische Volksweisen – 19 Chants populaires norvégiens

Op. 66

Kulokk

Cow-Call – Lockruf – Ranz des vaches

Lom

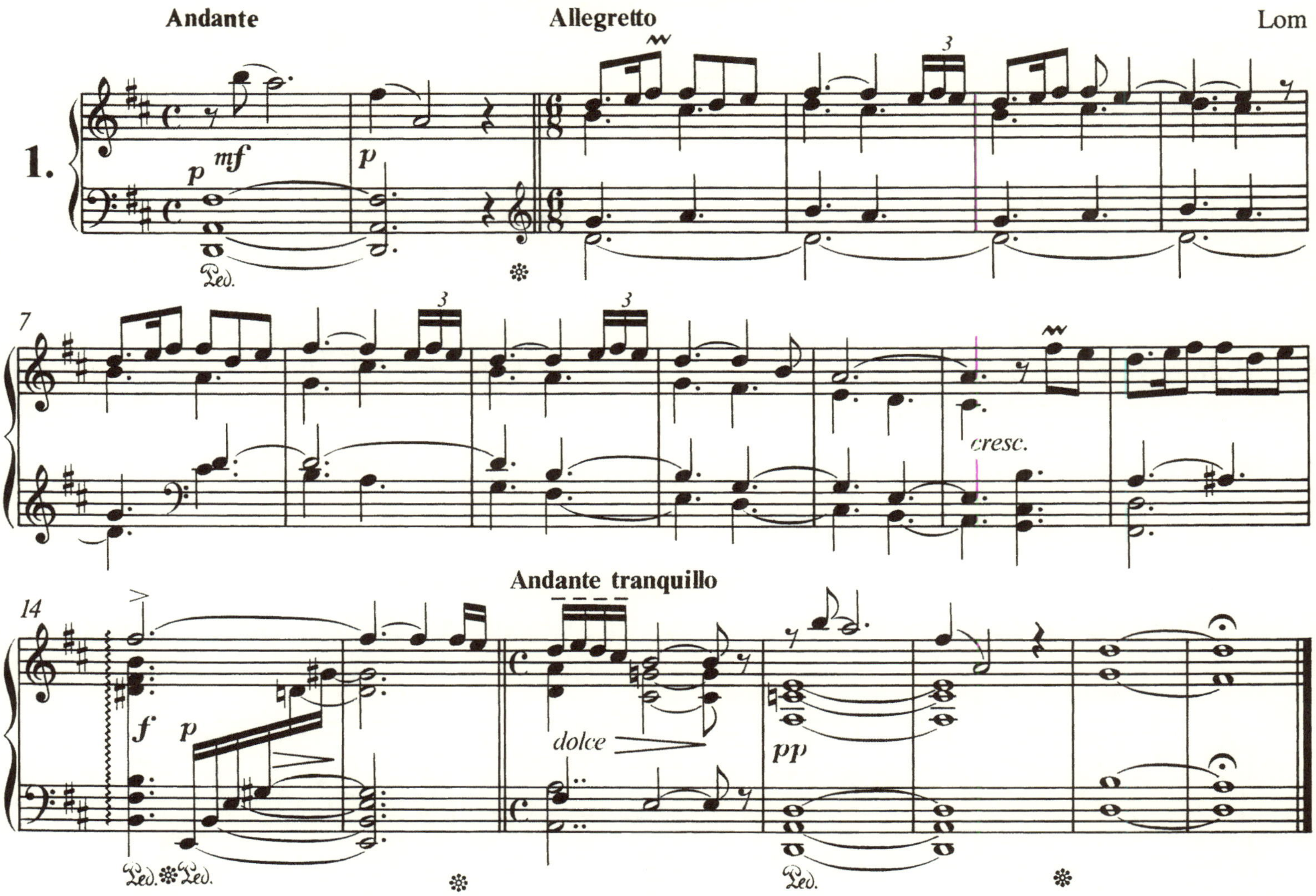

Det er den største dårlighed

It is the greatest Foolishness – Es ist die größte Torheit – C'est la plus pure des folies

Söndmöre

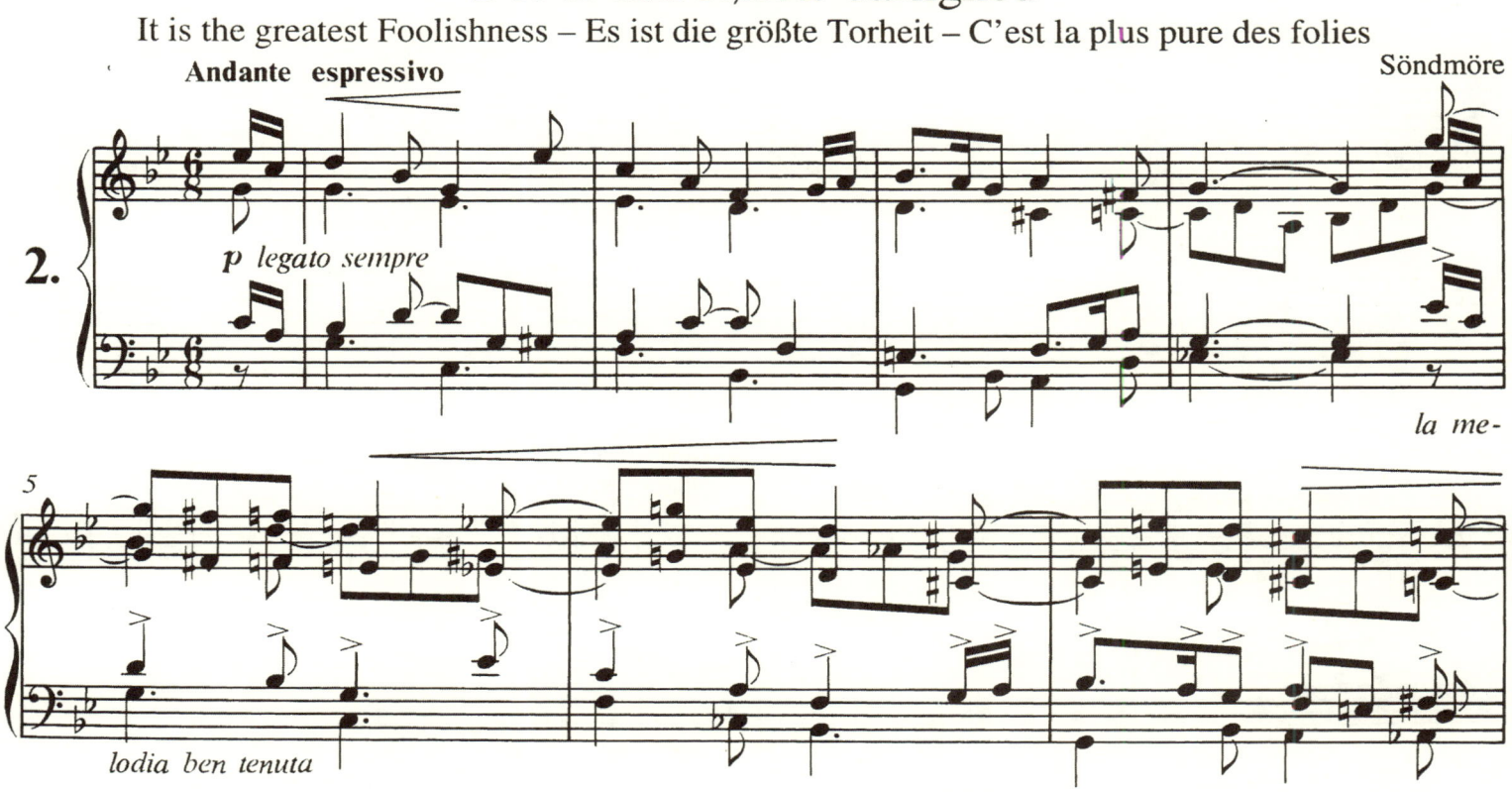

En konge hersked i Østerland
A King Ruled in the East – Ein König herrschte im Morgenland – Un Roi régnant a l'Orient

Sogn

Siri Dale-visen
The Siri-Dale Song – Die Weise von Siri-Dale – Le chant de Siri Dale

Ardal, Sogn

Det var i min ungdom
It was in my Youth – Es war in meiner Jugend – C'était en ma jeunesse

Lyster, Sogn

Lokk og bådnlåt
Cow-Call and Lullaby – Lockruf und Wiegenlied – Ranz des vaches et Berceuse

Bådnlåt
Lullaby – Wiegenlied – Berceuse

Ryfylke

7.

attacca

Lokk
Cow-Call – Lockruf – Ranz des vaches

Lom

Liten va guten
Small was the Lad – Klein war der Bursch – Petit était le gars

Ostre Slidre

attacca

Morgo ska du få gifte deg

Tomorrow You Shall Marry Her – Morgen darfst du sie heimführen
Demain tu devras la prendre en marriage

Lom

Da standen to piger
There Stood two Girls – Es stehen zwei Mägdlein – Là attendaient debout deux filles

Lom

11.

Ranveig

Lom

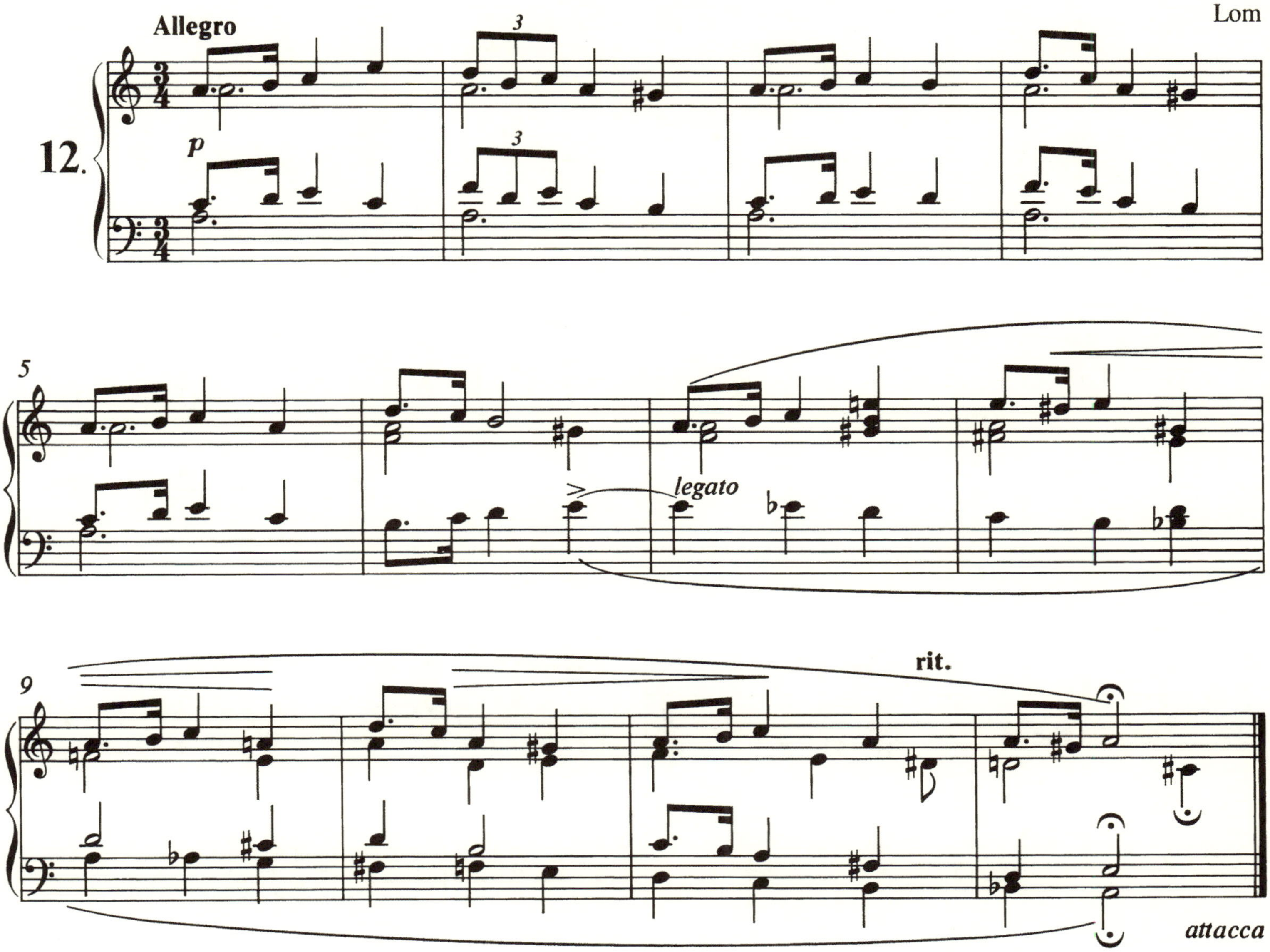

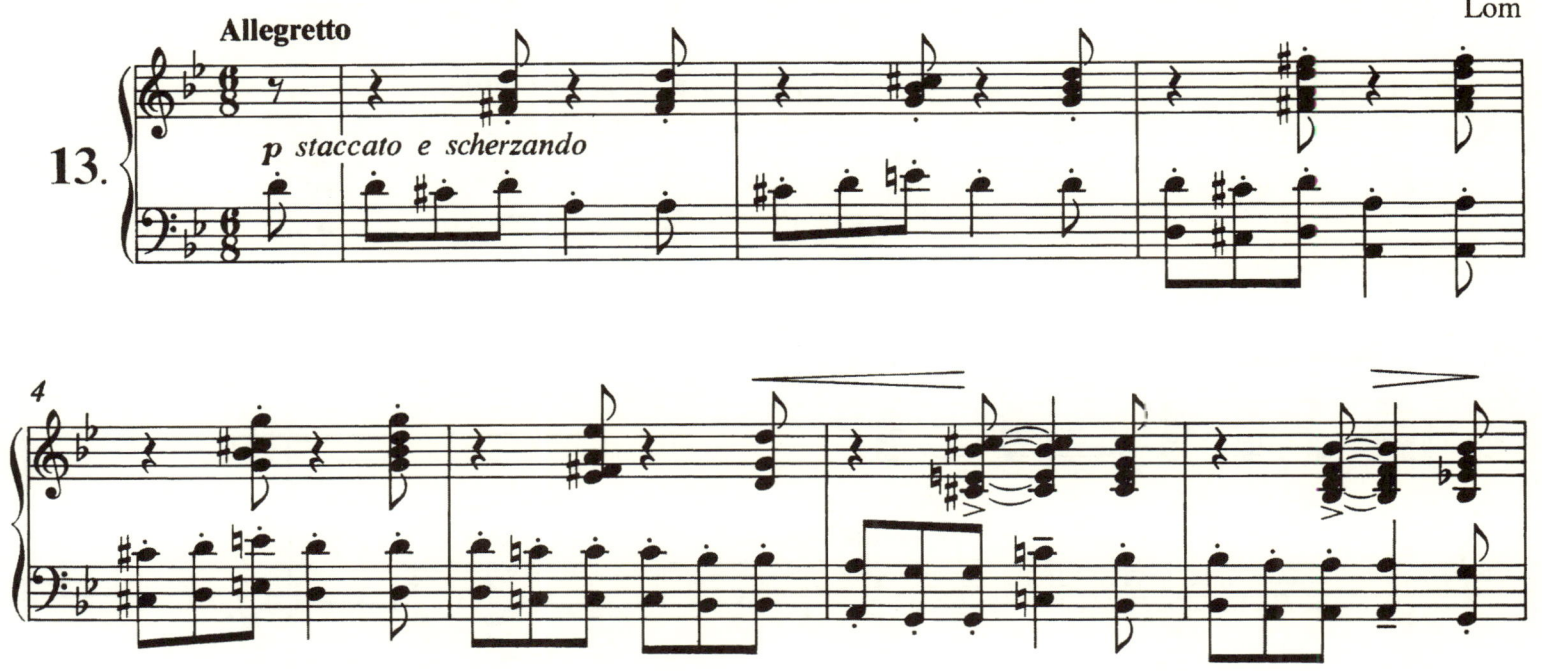

En liten grå mann

A Little Gray Man – Ein graues Männlein – Un petit homme gris

Lom

I Ola-dalom, I Ola-kjønn
In Ola Valley, in Ola Lake – Im Olatal, im Olasee – A la Vallée d'Ola, au Lac d'Ola

Ostre Slidre

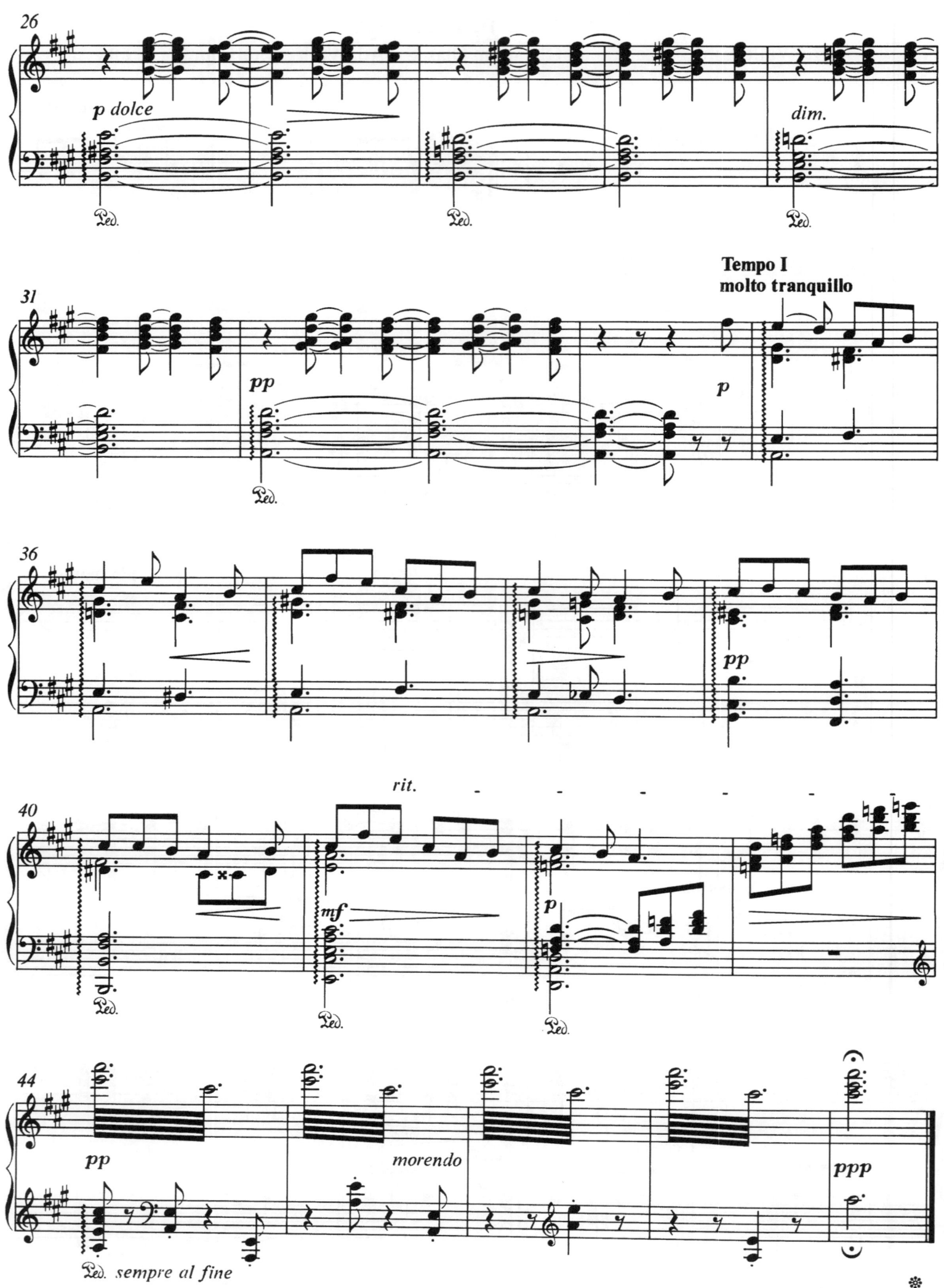

Bådnlåt
Lullaby – Wiegenlied – Berceuse

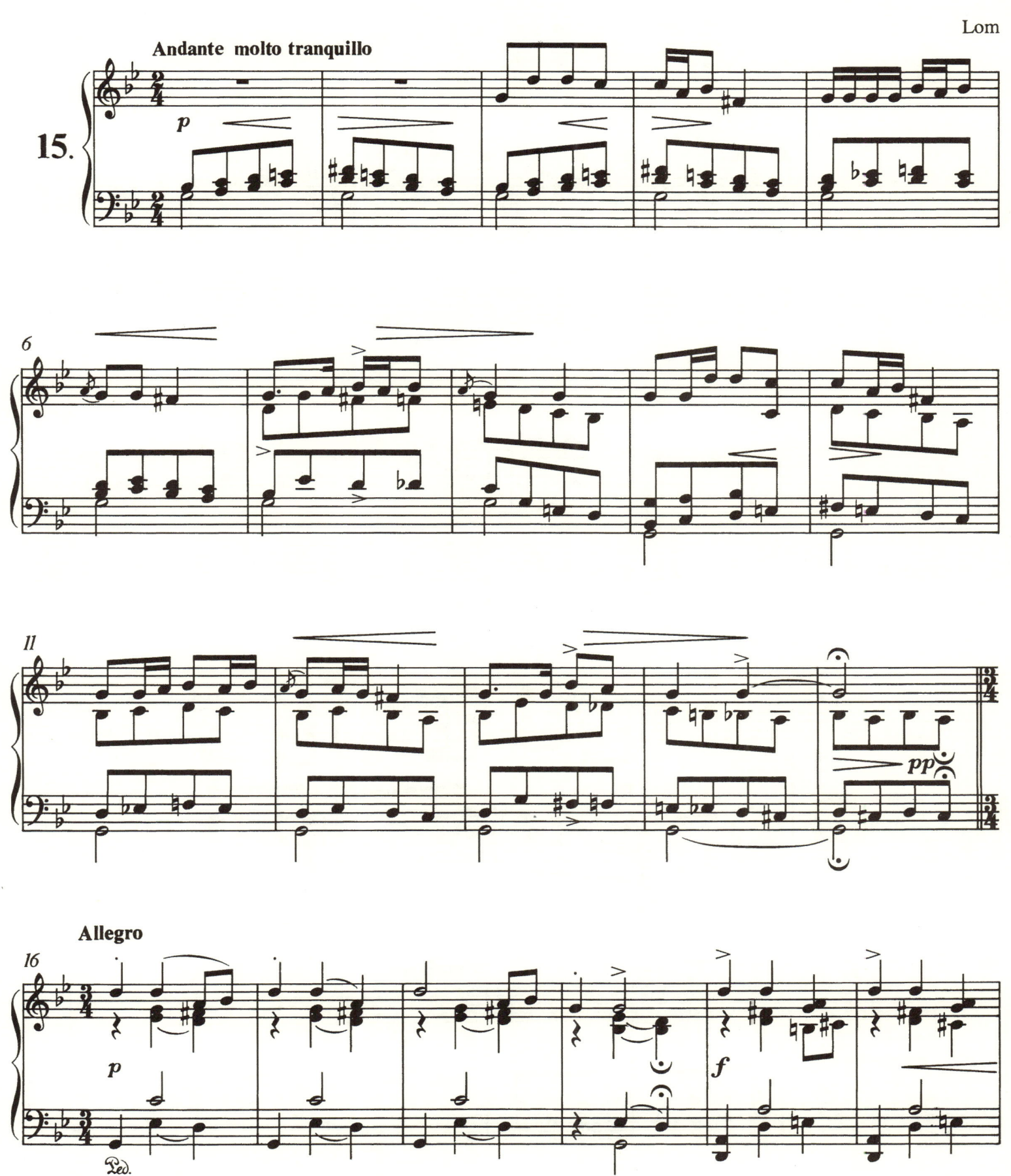

Lom

Andante molto tranquillo

Allegro

K 175

Ho vesle Astrid vår
Little Astrid – Klein Astrid – Petite Astrid

Lom

Bådnlåt
Lullaby – Wiegenlied – Berceuse

Turtegro, Lom

Jeg går i tusen tanker

I Wander Deep in Thought – Gedankenvoll ich wandere – J'erre enfoui dans mes pensées

Gjendines bådnlåt
Gjendin's Lullaby – Gjendines Wiegenlied – Berceuse de Gjendine

Lom

17 Slåtter

17 Norwegian Peasant Dances – 17 Norwegische Bauerntänze
17 Danses paysannes norvégiennes

Op. 72

Gibøens bruremarsj

Gibøen's Bridal March – Gibøens Brautmarsch – Marche nuptiale de Gibøen

Jon Vestafes springdans
Dance – Tanz – Danse

Bruremarsj fra Telemark
Bridal March from Telemark – Brautmarsch aus Telemark – Marche nuptiale du Telemark

Haugelåt. Halling
Halling from the Fairy Hill – Halling aus dem Hügel – Halling de la colline

Prillaren fra Os prestegjeld. Springdans
Norwegian Dance – Norwegischer Tanz – Danse norvégienne

Gangar (etter Myllargutten)
(after the Miller) – (nach dem Müller) – (d'après le meunier)

Røtnams-Knut. Halling
Norwegian Dance – Norwegischer Tanz – Danse norvégienne

Bruremarsj (etter Myllargutten)
Wedding March (after the Miller) – Brautmarsch (nach dem Müller)
Marche nuptiale (d'après le meunier)

* Play the appoggiaturas always together with the bass.
 Die Vorschläge immer mit dem Bass zusammen anzuschlagen.
 Jouez les petites notes toujours avec les notes de basse.

Nils Rekves halling

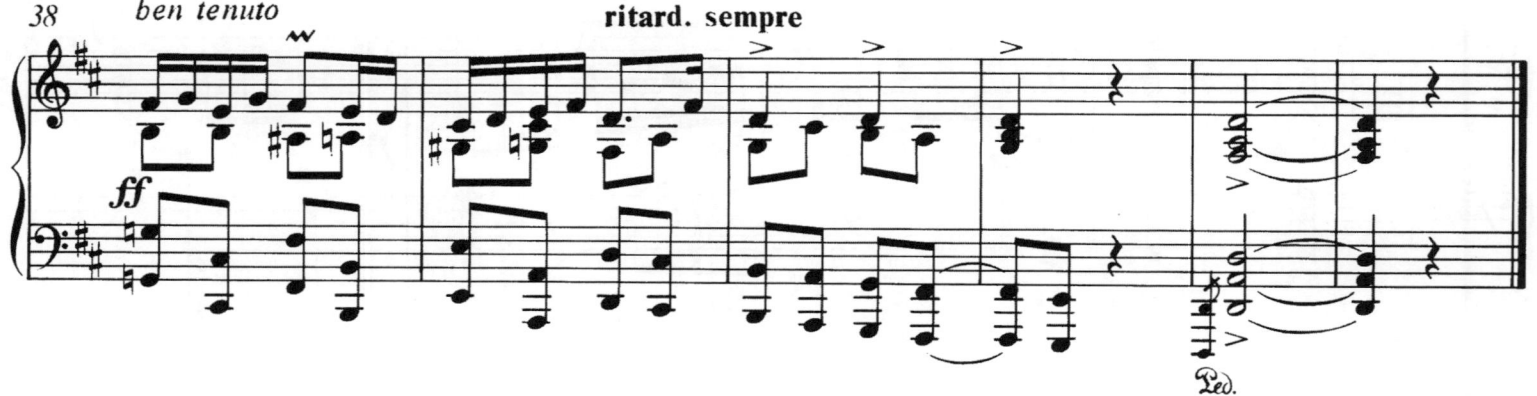

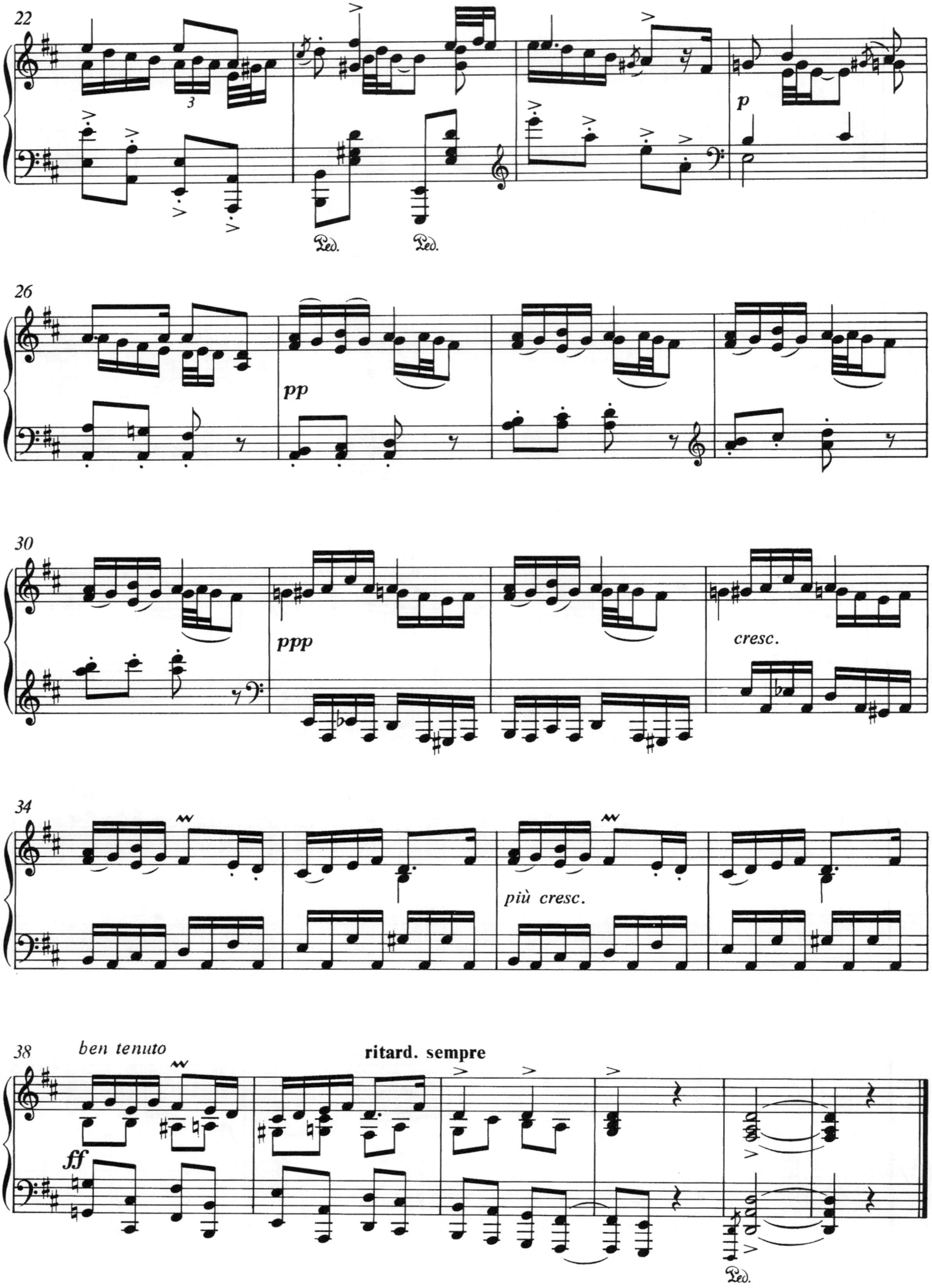
22
Ped.
Ped.
26
pp
30
ppp
cresc.
34
più cresc.
38
ben tenuto
ritard. sempre
ff
Ped.

Knut Luråsens halling I

* From here should unison octaves stressed with greatest power.
  Von hier an sind die Unisono-Oktaven immer mit der grössten Kraft herauszuschleudern.
  A partir d'ici les octaves unisons devront être joués avec une force maximale.

Knut Luråsens halling II

Springdans (etter Myllargutten)
(after the Miller) – (nach dem Müller) – (d'après le meunier)

Håvard Gibøens draum ved Otersholtsbrua. Springdans

Håvard Gibøen's Dream at the Otersholt Bridge
Håvard Gibøens Traum an der Otersholtsbrücke
Songe de Håvard Gibøen au pont de Otersholt

Tussebrureferda på Vossevangen. Gangar
The Goblin's Bridal Procession at Vossevangen
Die Brautfahrt der Unterirdischen auf Vossevangen
Procession nuptiale des esprites follets de Vossevangen

Skudalsbrura. Gangar
The Skuldal Bride – Die Skuldalsbraut – La mariée de Skuldal

Kivlemøyane. Springdans

The Maidens from Kivledal – Die Mädchen aus dem Kivledal – Les fillettes de Kivledal

K 175

103

Kivlemøyane. Gangar

The Maidens from Kivledal – Die Mädchen aus dem Kivledal – Les fillettes de Kivledal

6 Norske Fjellmelodier

6 Norwegian Mountain Melodies – 6 Norwegische Gebirgsmelodien
6 mélodies montagnardes norvégiennes

Springdans
Norwegian Dance – Springtanz – Danse norvégienne

Numedal

K 175

107

Bådnlåt
Lullaby – Wiegenlied – Berceuse

Valders

Springdans
Norwegian Dance – Springtanz – Danse norvégienne

Vinje

3.

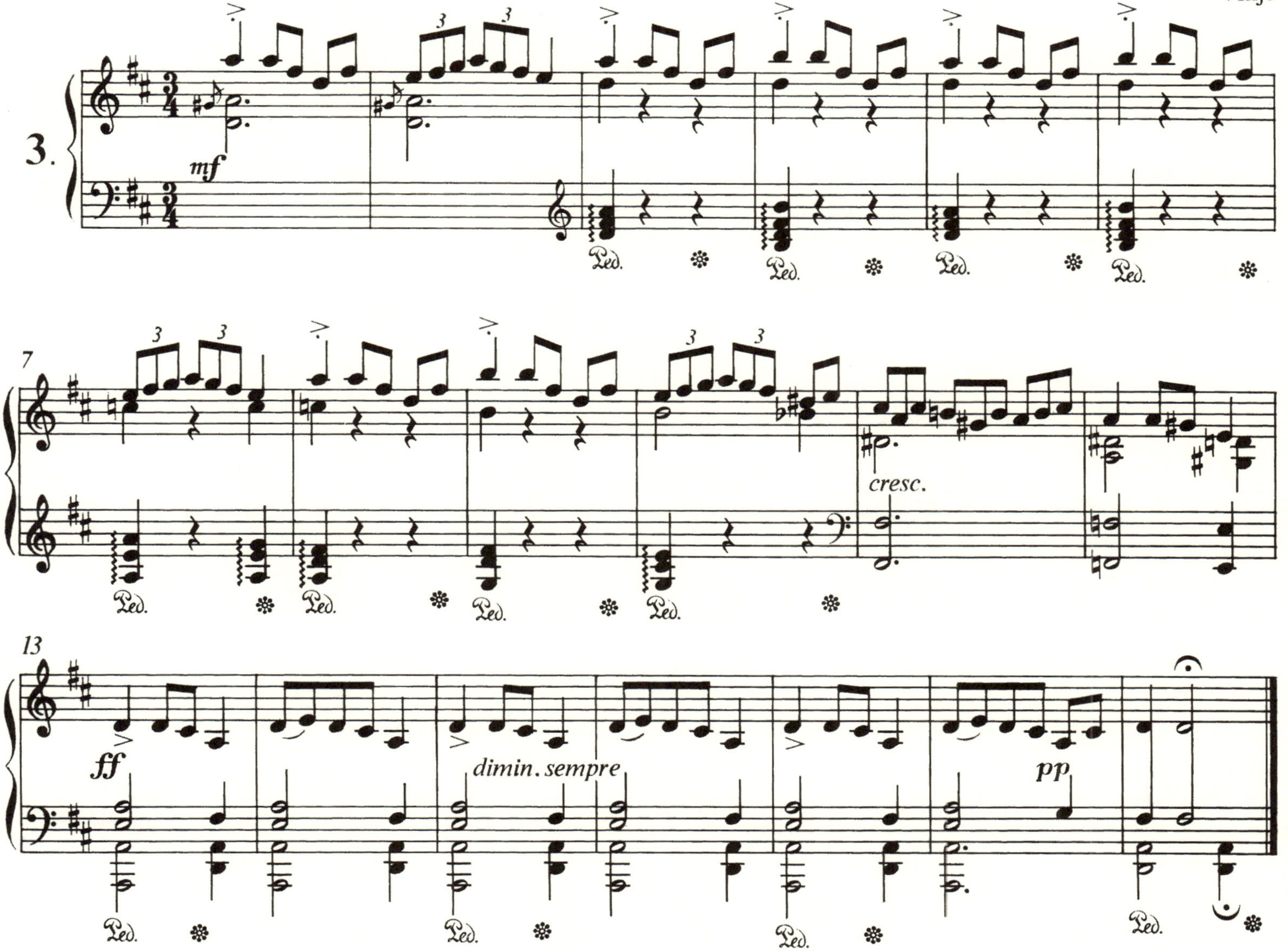

Sjugurd og trollbrura
Sjugurd and the Trollbride – Sjugurd und die Trollbraut – Sjugurd et la fiancée Troll

Hallingdal

4.

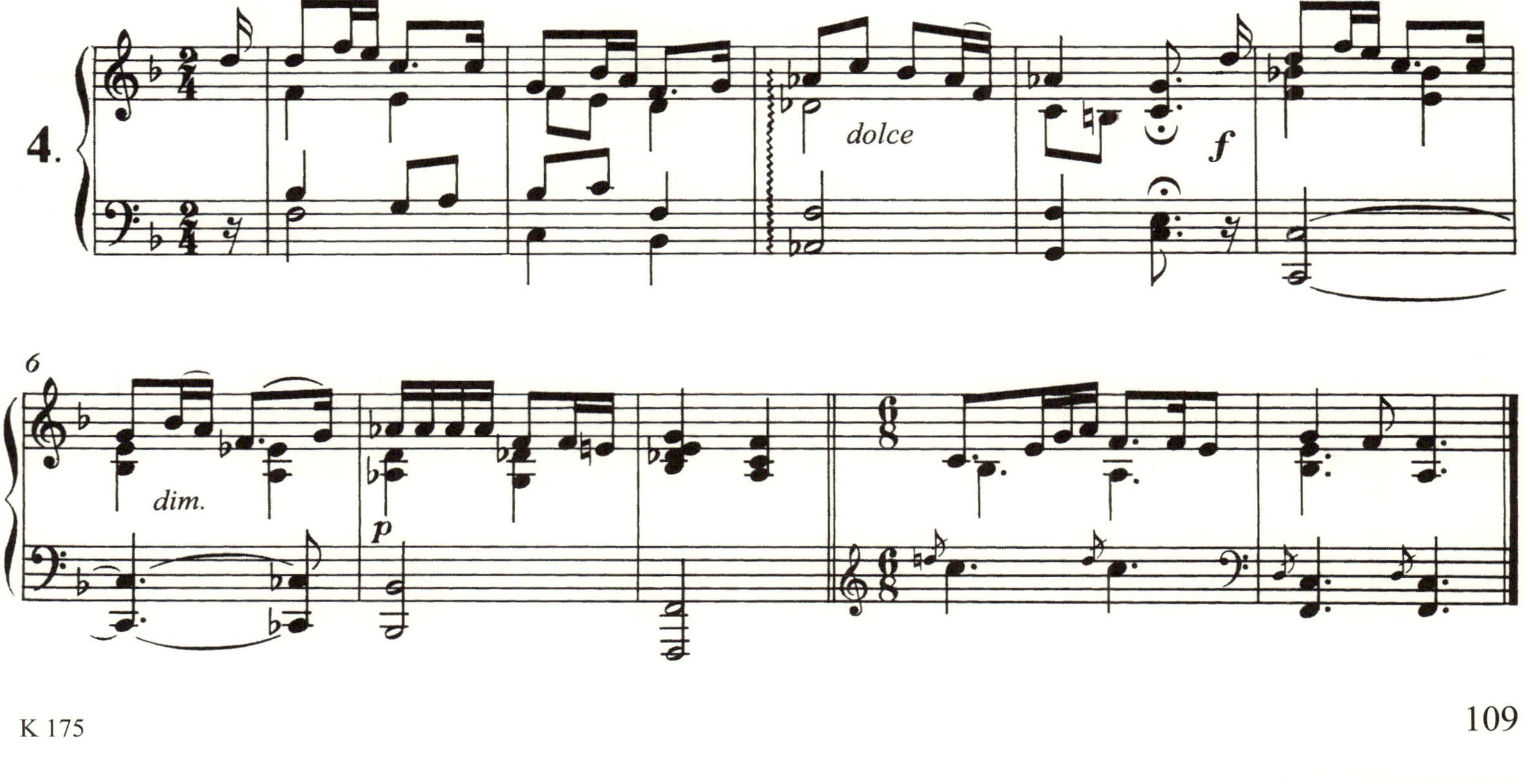

Halling

Østerdal

Guten og jenta på fjøshjellen
The Lad and the Lass in the Cow-Shed Loft
Der Bube und das Mädchen in dem Kuhstallboden
Le garçon et la fille au grenier de l'étable

 **MUSICA PIANO**

**OVER 25.000 PAGES OF PIANO
MUSIC SHEETS ONLINE**

Bach, Beethoven, Brahms, Chopin, Czerny,
Debussy, Gershwin, Dvořák, Grieg, Haydn,
Joplin, Lyadov, Mendelssohn-Bartholdy, Mozart,
Mussorgsky, Purcell, Schubert, Schumann,
Scriabin, Tchaikovsky and many more

KÖNEMANN

© 2018 koenemann.com GmbH
www.koenemann.com

Editor: Thomas Aßmus
Responsible co-editor: István Máriássy
Technical editor: Desző Varga
Engraved by Kottamester Bt., Budapest

critical notes available on www.frechmann.com

ISBN 978-3-7419-1474-4

Printed in China by Reliance Printing